The Adventures of Strawberryhead & Gingerbread™
ABC FUN!
The Barking Lot

The Adventures of Strawberryhead & Gingerbread™ ABC FUN! The Barking Lot

KF Wheatie & KM Wheatie

Strawberryhead &
Gingerbread Press

www.strawberryheadandgingerbread.com

The Adventures of Strawberryhead & Gingerbread™
ABC FUN!
The Barking Lot

Published by Strawberryhead and Gingerbread Press
https://www.strawberryheadandgingerbread.com

ISBN: 979-8-9906129-8-3 (paperback)

A a   Avocado

A A A A A

a a a a a

Find Letter A a and Color

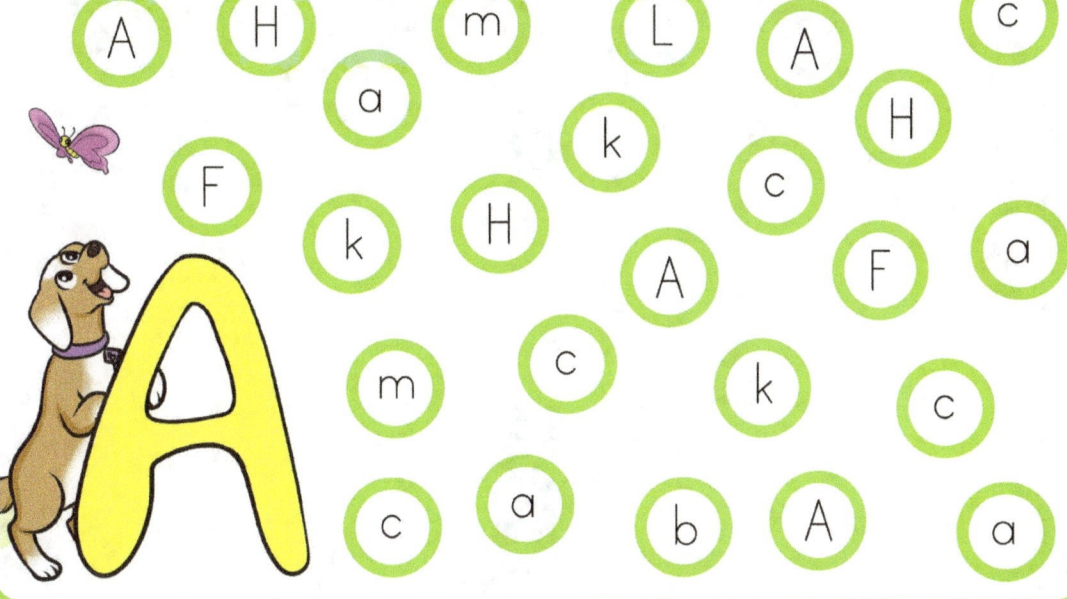

A H m   L   A   c
   a   k   H
F   H   c
   k   H   A   a
          A   F
   m   c   k   c
   c   a   b   A   a

B b   Butterfly

Match the right balloons together.

C c   Cat

C C C C C

C C C C C

Trace the Lines

D d   Deer

D D D D D

d d d d d

Trace the Lines and color

E e   Earth

E

e

Match the Letters

A
D
B
E
C

e
b
d
c
a

F f   Fish

F

f

Color it

Use Colors

G g Grapes

Circle the right answer

1	Grap s	a	e	o
2	Go t	e	i	a
3	G ft	i	e	a
4	Gi affe	r	u	n
5	Gh st	c	r	o

H h   Hammer

Trace and color it

I i Igloo

Find Letter I i and Color

J j   Juice

J   J   J   J   J

j   j   j   j   j

Match the Letters

F   h

H   g

J   i

I   j

G   f

K k   Koala

K K K K K

k k k k k

Count and write

T _____

F _____

T _____

O _____

F _____

L l   Ladder

Fill in the Blanks

A   _____   C

_____   E   _____

G   _____   _____

_____   K   _____

M m   Mushroom

M M M M M

m m m m m

Circle Vowels and write

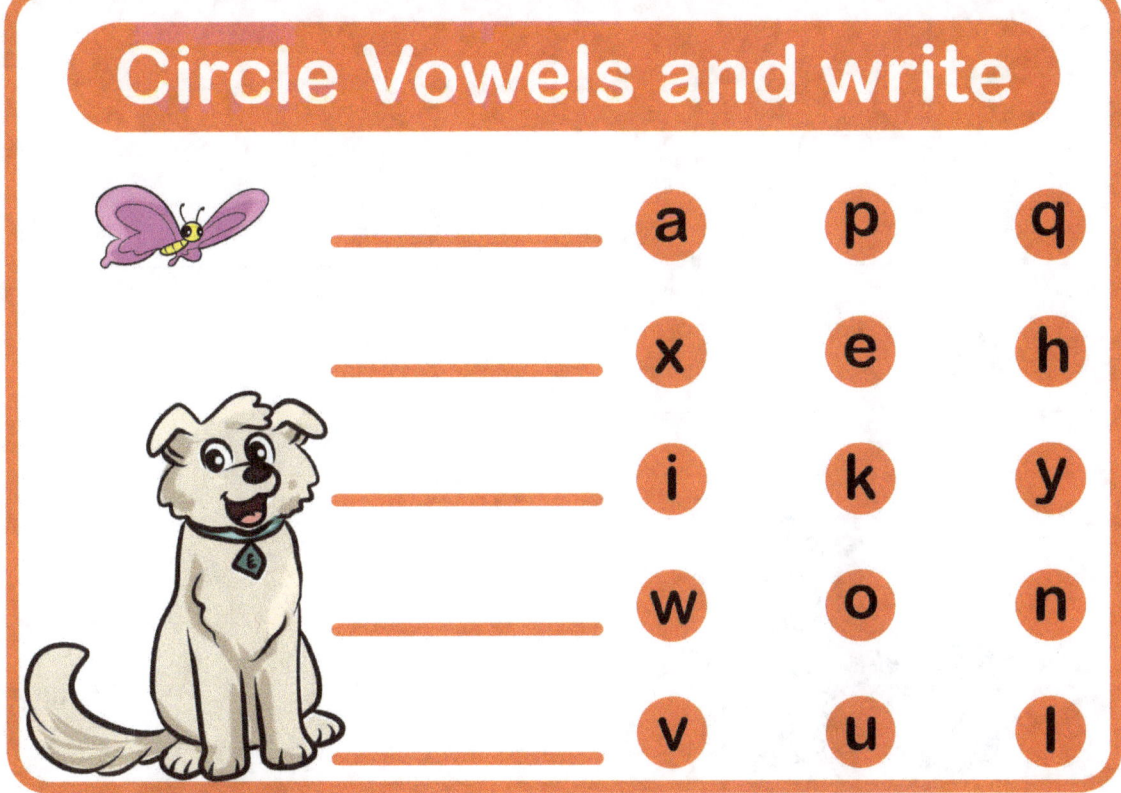

a   p   q

x   e   h

i   k   y

w   o   n

v   u   l

N n — Numbers

N N N N N

n n n n n

Trace the words

Nest   Noodle   Nest

Name   Nice   Needy

Nearby   Now

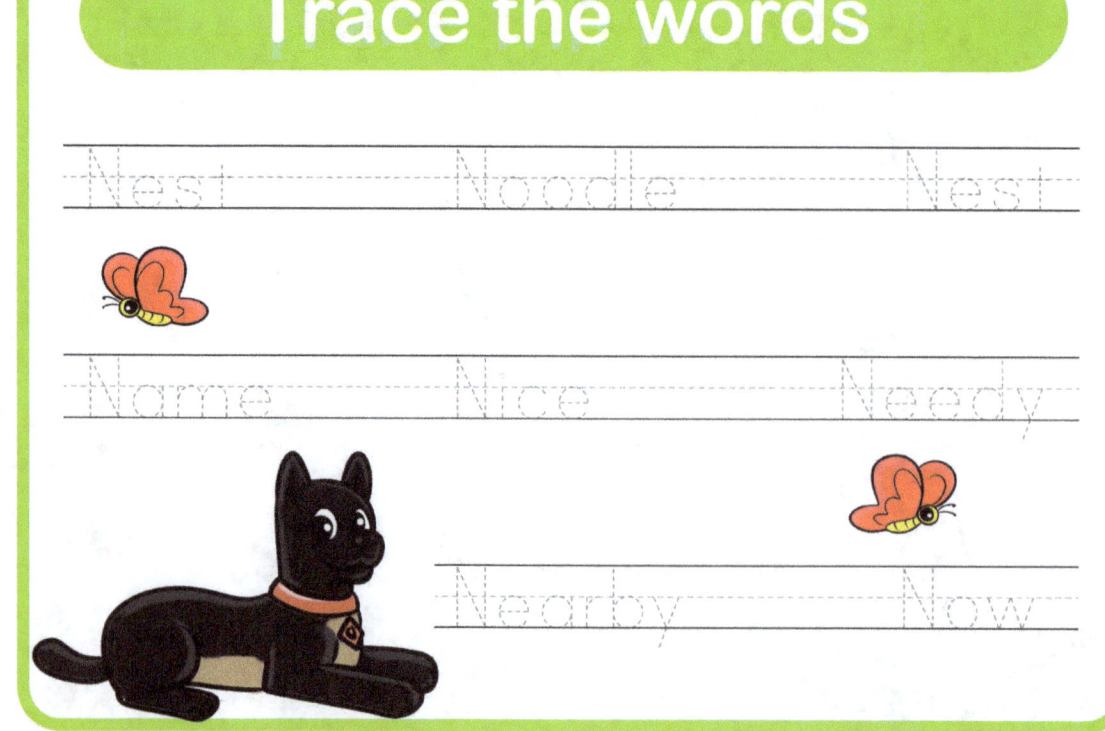

O o   Orange

Match the Letters

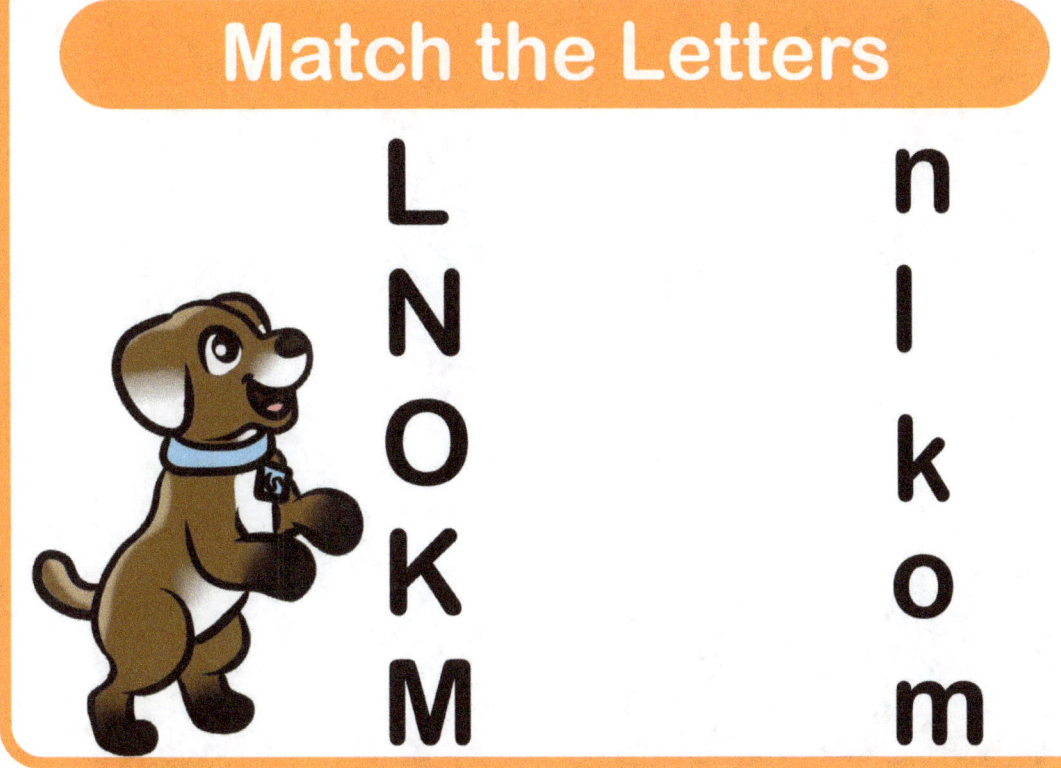

L N O K M

n l k o m

P p Pear

P   P   P   P   P

p   p   p   p   p

Write the correct Color

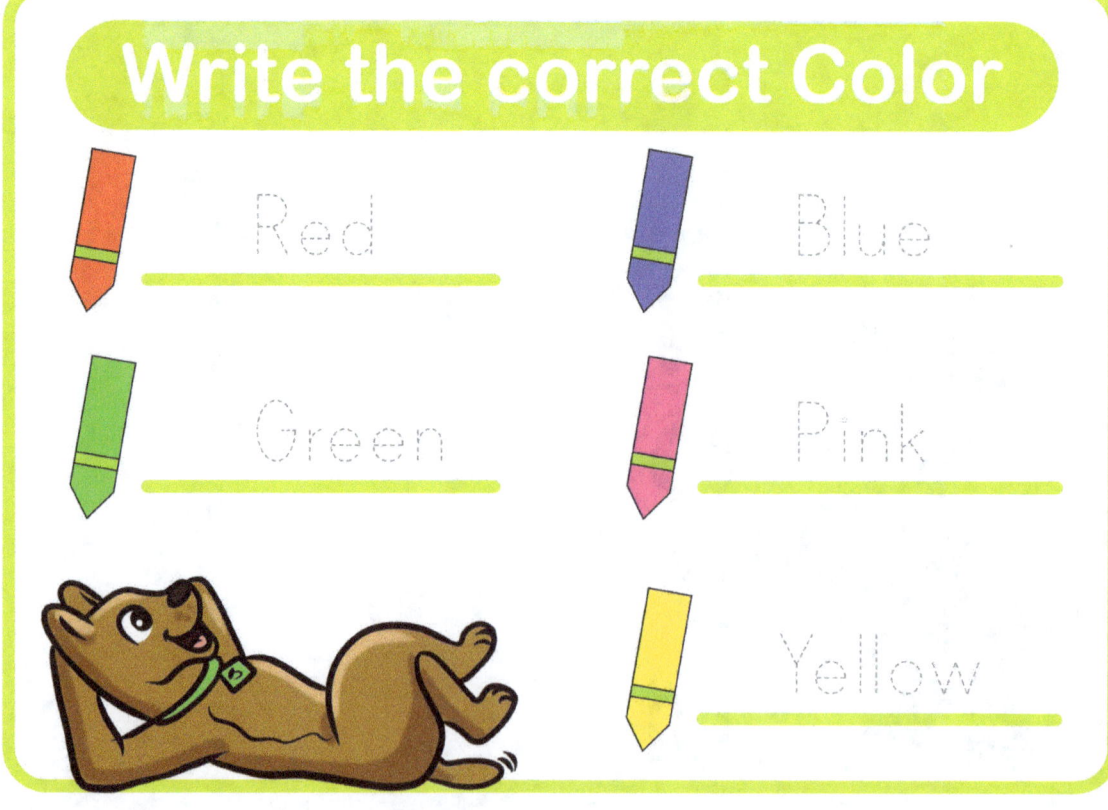

Red

Blue

Green

Pink

Yellow

Q q   Question

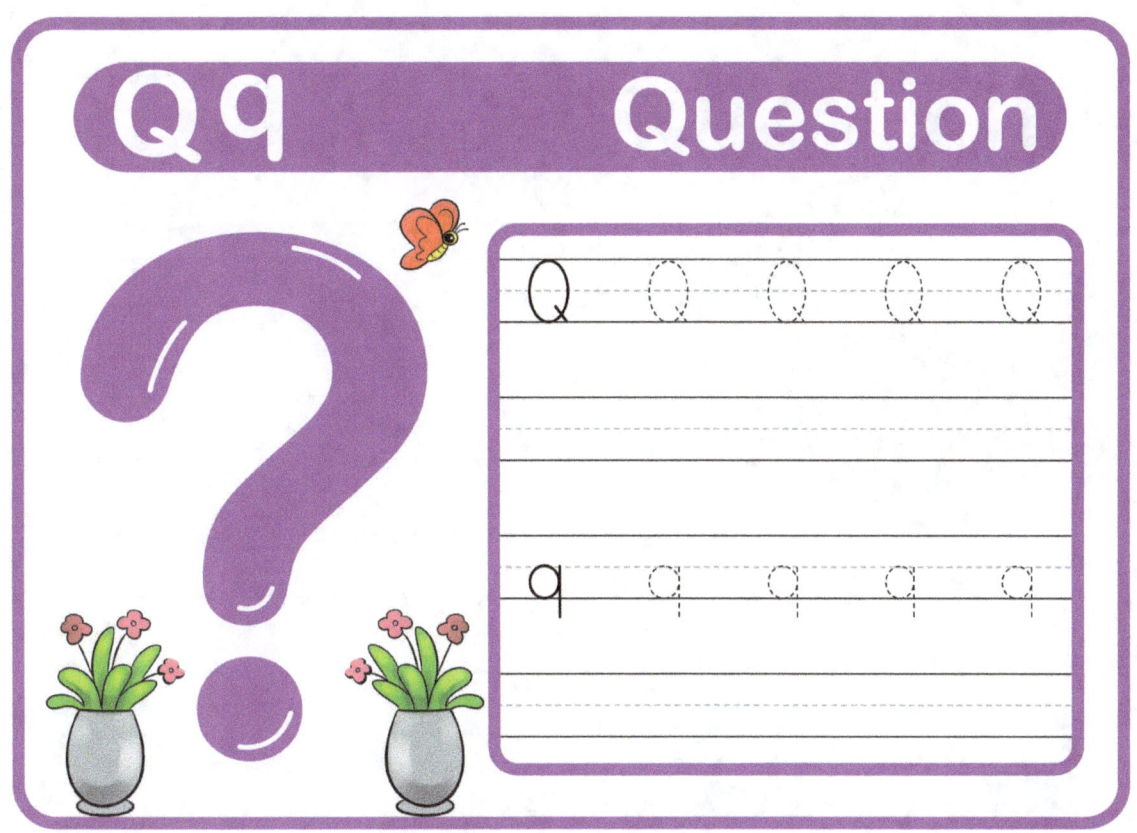

Trace the Lines

R r　　　　Rat

R　R　R　R　R

r　r　r　r

Color in the Rainbow

S s   Sun

S S S S S

S S S S S

Find the Way

T t   Tomato

Match the Letters

P
R
T
S
Q

t
q
p
r
s

U u   Umbrella

U U U U U U

U U U U U

Count and write

S _____

N _____

T _____

S _____

E _____

V v   Vase

V V V V V V

v v v v v v

Trace the words

Vest   Van   Violin

Valued   Very   Volume

Vegetable   Vast

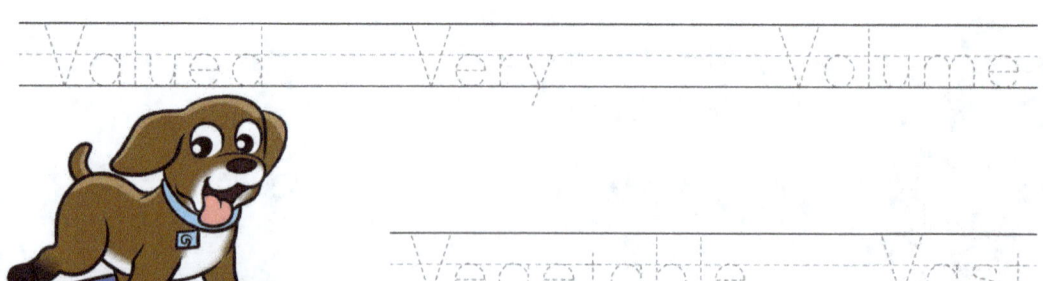

W w   Water

Search the words

One	Two	Three
Four	Five	Six
Seven	Eight	Nine
	Ten	

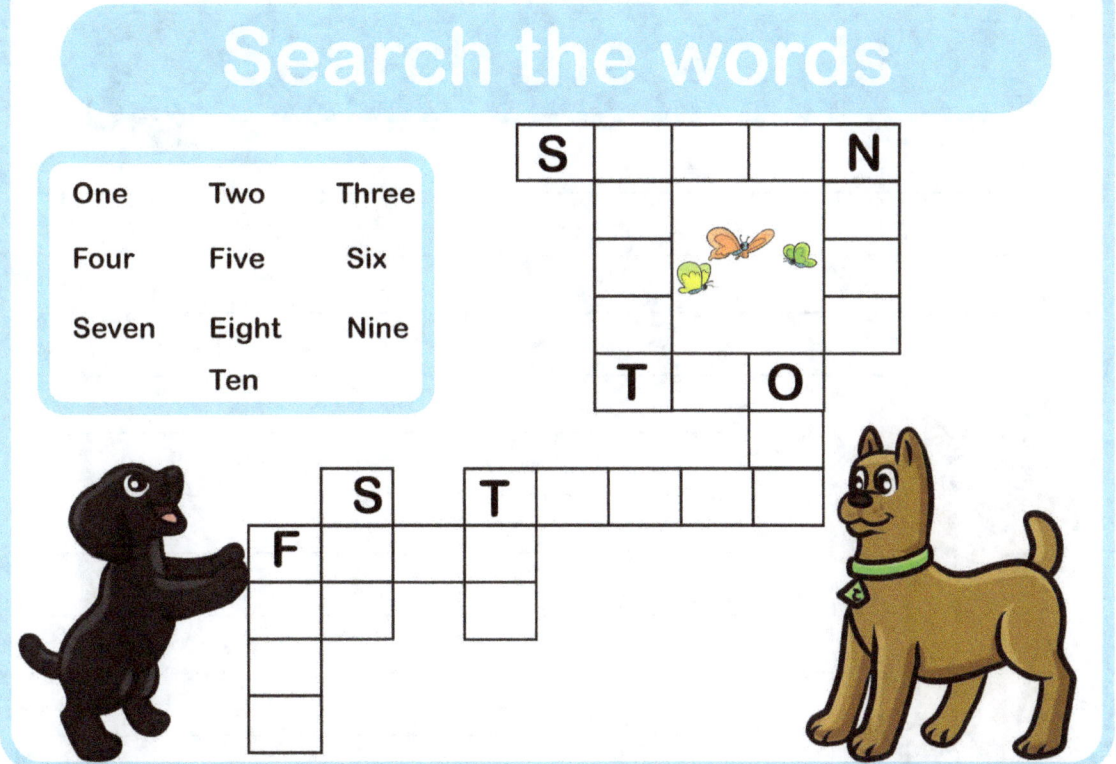

X x   Xylophone

Trace the Lines

Y y Yolk

Y Y Y Y Y

Y

y y y y y

y

Match the Letters

Y
U
W
X
V

u
y
v
x
w

Z z   Zebra

Z Z Z Z Z

Z Z Z Z Z

Write ABC

Months of the Year

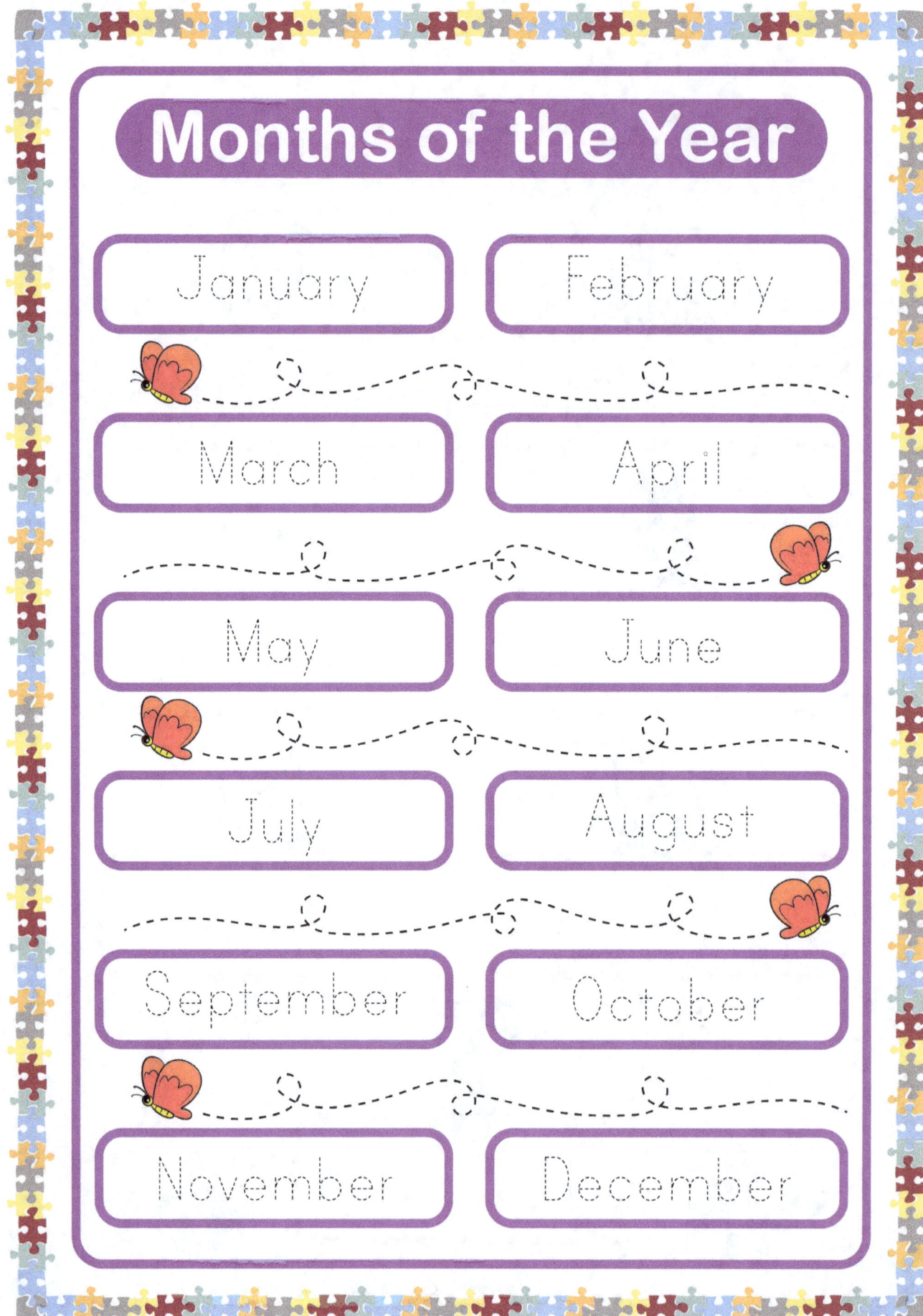

Write Seasons

Spring

Summer

Fall

Winter

Write ABC - abc

A a   B b   C c   D d

E e   F f   G g   H h

I i   J j   K k   L l

M m   N n   O o   P p

Q q   R r   S s   T t

U u   V v   W w   X x

 Y y   Z z